O desejo d

AF586496

que a gente possa, como adulto, ter um olhar pra vida na perspectiva da infância.

Infância é chão que a gente pisa a vida inteira.

A história por trás do livro

Eu sou Ariane Osshiro, mas pode me chamar de Ari. Sou mãe do Pedro e de dois bebês que não chegaram ao mundo. Me interesso, me envolvo e vivencio relações humanas desde sempre. Com 10 anos de atuação em uma unidade de acolhimento, tive tempo de olhar para as dores da infância. Com a formação em administração, pude olhar para o mundo com um olhar mais focado e trazer clareza do que eu gostaria de mudar. Aprendi sobre observação, escuta, grupos, conexões e redes com as formações na área do brincar e por ter trabalho por 5 anos com eventos materno infantis. Com as formações em Comunicação Não Violenta, Neurociência e Parentalidade Positiva, olho para a infância como um lugar potente e, ao mesmo tempo, que carece de muito cuidado e proteção pela força que traz para a vida inteira de todos nós.

O meu coração bate forte quando vejo algo de injusto acontecendo com a infância. É muito difícil ver o mundo normalizar a violência contra a criança. E não por coincidência eu trabalho há anos com foco na não violência.

Eu gosto de ler e de contar histórias. Gosto de ver beleza e singeleza no caminho. Gosto de construir histórias com o cotidiano e com leveza. E, esse livro, faz parte da minha história ao homenagear a minha mãe que é a Nina, a protagonista do livro.

Essa sou eu.

Essa é a minha Nina.

Esse livro é para a minha Nina e para todas as Ninas que houver. Esse livro é para a Nina: a desbravadora dos livros, do conhecimento e da leitura. Para a Nina que, quando criança, de tanto gostar de ler, lia debaixo da coberta com uma lamparina. Esse livro é a para a Nina que me ensinou tudo que há de saber sobre amor, sobre resistência, sobre a força da mulher, sobre luta e sobre esperança. Esse livro é para minha mãe Nina que me ensinou o apreço pelos livros, pela leitura e pelo saber. Esse livro é para toda (me) Nina que com ele quiser crescer.

Nina, se hoje eu sou escritora é porque você foi leitura, foi lápis, foi luz.

Meu respeito e reconhecimento à todas as mães Ninas desse país.

Olá! Eu me chamo Nina...

... moro na casa com a minha mãe. Ela é adulta e, às vezes, faz umas coisas que acho esquisitas, mas eu a amo mesmo assim.

Minha mãe se chama Ana, e eu gosto muito de aprender com ela. E eu aprendo mais com o que ela faz, do que com o que ela diz.

Hoje a Dona Pressa veio nos visitar...

... ela é uma senhora que usa macacões, tem um cabelo bonitão e aparece do nada aqui em casa. Ela nunca vem sozinha, sempre traz as duas filhas.

Uma das filhas se chama Anda Logo, e a outra filha, Não Dá Tempo. E para mim, elas são como as vilãs dos filmes. Elas parecem legais, mas não são.

Eu quero brincar mais um pouco e a tal da Não Dá Tempo toma conta da minha mãe. Ela fica correndo com cara de brava, achando esquisito eu querer fazer o que mais gosto. E, quando eu quero ficar um pouco mais no banho, a Anda Logo aparece. Aí, minha mãe fica gritando bem alto e com isso eu fico paralisada e não sei o que fazer.

A Dona Pressa vem do nada, mas vai embora rápido também.

Lista de sentimentos

Quando as necessidades estão sendo atendidas.

inta-se encorajada a buscar palavras novas e construir o seu próprio epertório.

VONTADE
BERTA/RECEPTIVA
LEGRE
LERTA
LIVIADA
MIGÁVEL
MOROSA
NIMADA
EM-HUMORADA
ALMA
ARINHOSA
ENTRADA
ONECTADA
ONFIANTE
ONFORTÁVEL
ONTENTE
RIATIVA
URIOSA
ESCANSADA
ESCONTRAÍDA
ISPOSTA

EMOCIONADA
EMPODERADA
EMPOLGADA
ENCANTADA
ENERGIZADA
EQUILIBRADA
ESPERANÇOSA
EXUBERANTE
FASCINADA
FELIZ
GRATA
INSPIRADA
LIVRE
MARAVILHADA
MOTIVADA
OTIMISTA
PLENA
RADIANTE
RELAXADA
RENOVADA
REVIGORADA
SATISFEITA
SEGURA
SERENA
VIVA

Lista de sentimentos

Quando as necessidades não estão sendo atendidas.

Sinta-se encorajada a buscar palavras novas e construir o seu próprio repertório.

ABORRECIDA
AGITADA
AMEDRONTADA
ANSIOSA
CANSADA
CHATEADA
CHOCADA
COM MEDO
COM RAIVA
CONFUSA
CORAÇÃO PARTIDO
DEPRIMIDA
DESAPONTADA
DESCONCENTRADA
DESCONECTADA
DESCONFORTÁVEL
DESCONTENTE
DESENCORAJADA
DESESPERANÇOSA
ENTEDIADA
ENVERGONHADA

ESTAFADA
EXAUSTA
FRUSTRADA
FURIOSA
IMPACIENTE
INCOMODADA
INQUIETA
INSEGURA
MAGOADA
NERVOSA
PREOCUPADA
PERDIDA
RECEOSA
RELUTANTE
RESSENTIDA
RETRAÍDA
SOBRECARREGADA
SOLITÁRIA
SONOLENTA
SUFOCADA
SURPRESA
TENSA
TRISTE
VULNERÁVEL

Necessidades humanas universais

utonomia

scolher seus próprios sonhos, objetivos e valores.
scolher seus próprios planos para realizá-lo.

elebração

elebrar a criação da vida e dos sonhos realizados.
aborar as perdas: entes queridos, luto, sonhos e etc.
colher seus próprios planos para realizá-los.

tegridade

tenticidade
tovalorização
iatividade
gnificado

terdependência

eitação
nor
oio
reciação
lor humano
mpreensão
munhão
nfiança
nsideração
ntribuição para o enriquecimento da vida
patia
corajamento
nestidade
oximidade
speito
gurança emocional

Necessidades humanas universais

Lazer

Diversão
Riso
Brincadeira

Comunhão Espiritual

Beleza
Encerrar ciclos
Harmonia
Inspiração
Ordem
Paz

Necessidade físicas

Abrigo
Água
Alimento
Ar
Saúde
Descanso
Expressão sexual
Movimento
Exercício
Toque
Proteção contra formas de vida ameaçadoras: vírus, bactérias insetos, predadores.

"Toda crítica, julgamento e diagnóstico é a expressão trágica de uma necessidade não atendida".

Marshall Rosenberg

Agora quero falar de uma amiga minha e o nome dela é Não.

A Não é uma amiga do peito. Está sempre ali quando preciso. É só eu estar cansada, com fome ou sem vontade de fazer alguma coisa, que ela aparece.

Essa é a Não

Ela é daquelas amigas com cabelos encaracolados, abraço apertado e sorriso no rosto. A Não é muito importante para mim e aparece para me defender, quando me sinto chateada ou ofendida. Ela é minha amiga-irmã, se posso dizer assim.

Mas ela sempre vai embora quando a mamãe me dá um chamego ou quando me joga para cima.

Não! **Não!** **Não!**

Eu acho que a mamãe é amiga da Não, porque ela gosta de falar bastante dela pra mim.

Eu gosto muito de fazer as minhas coisas: lavar as mãos, comer minha comidinha, subir e tomar meu banho com muito xampu. Nesse mundo gigante que a gente nasce tudo é muito alto. Aí na hora que eu estou no meio do meu banho, relaxando e alguém diz:

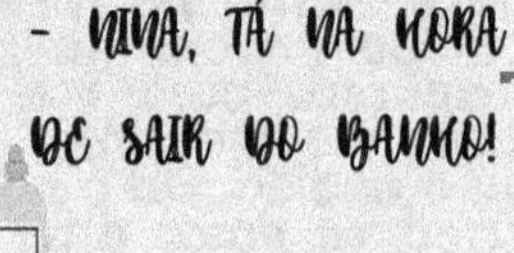

Aí a Não vem com tudo me defender! Eu tô ali, curtindo numa boa - como é que os adultos dizem mesmo?

Ah! Os adultos dizem "Good Vibes" !

Enfim, eu estou super envolvida, depois de conseguir que a mamãe deixasse tudo perto de mim para eu tomar o banho, e aí querem acabar com meu barato? Puxa vida! Ainda bem que tenho a Não para essas horas.

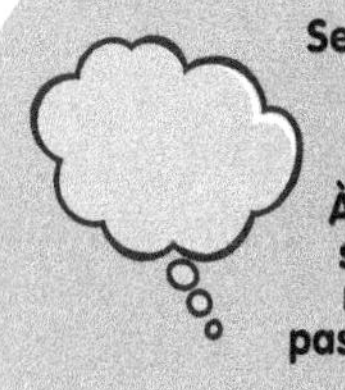

Será que, em alguns momentos, os adultos não gostariam de fazer alguma outra coisa também?

Às vezes fico pensando nisso. Eles são tão altos, tão fortes e podem mandar em tudo. Não sei se eles passam por esse tipo de problema.

O que você acha?

Será que adultos sentem medo?

É assim que eu imagino um adulto com medo.

Nós crianças sim, sentimos medo, inclusive dos adultos que ficam muito diferentes quando ficam bravos.
E, já que falei de medo, quero falar um pouco sobre essa e outras emoções.

Minha mãe tem me ensinado sobre essas coisas.
Ela fala que aprendeu com uma tal de Comunicação Não Violenta que é importante falar com as crianças, e com ela mesma, sobre educação emocional.
Essa dona Comunicação Não Violenta deve ser bem legal mesmo, porque quando a mamãe grita, e alguém olha para ela e fala:

- Olha a Comunicação Não Violenta!

Ela olha para quem disse com uma cara de que não gostou, e logo muda a forma de falar comigo.

Às vezes, ela fala que quer brincar de Comunicação Não Violenta com a pessoa.

Essa Comunicação Não Violenta deve ser uma moça super bacana, que eles gostam muito. Já a imagino como alguém bem divertida, estilosa e uma boa amiga.

A mamãe trouxe aqui para casa os "3 Rs" da Reparação, que é um negócio incrível, porque ela já não fica mais tão brava quando eu erro alguma coisa.

É, dá um trabalhão ter que assumir o erro, porque a gente fica com vergonha, mas até que é bom! A gente pode abraçar, e a mamãe abraça bem quentinho.

Depois, quando vamos fazer os combinados, para não repetir mais as coisas que fizemos errado, é legal! A mamãe ajuda com ideias e soluções, e sempre cumpre nossos combinados.

3 Rs da Reparação:

- Reconhecer o erro;
- Reconciliar-se pedindo desculpas;
- Resolver o problema buscando uma solução junto com a criança.

Informação: Essa é uma ferramenta da Disciplina Positiva.

Uma coisa que eu gosto e não gosto, ao mesmo tempo, é o quadro de Regras da Casa.

Eu gosto porque ele é bonitão! Eu que desenhei um monte de coisas lá! Mas, às vezes é chato, porque eu quero fazer algo diferente, inovar, e ele não deixa.

Uma outra coisa boa é que ele serve para minha mãe também.

Aqui em casa a gente tem alguns combinados bem legais. Vou contar para você:

- Não batemos uns nos outros;
- Se estragamos alguma coisa de alguém, fazemos de tudo para reparar;
- Se magoamos alguém também fazemos reparação;
- E aqui tem abraços grátis!

O Quadro de Rotinas é outro que eu tenho dúvidas se realmente gosto. Isso porque a mamãe acha que ele é quem manda!

Não sei como contar a verdade para ela.

Eu estou lá com minha amiga Não, na boa, e ela vem e me pergunta:

- Qual é a próxima atividade do Quadro de Rotinas?

Ela me olha nos olhos com uma carinha fofa e a Não sai correndo, toda vez. Daí eu vou lá, leio e respondo qual é a próxima atividade.

E ela ainda fala:

- A rotina é a chefe!

Ai, ai... Minha mãe anda com uns truques meio perigosos. E eu não resisto a ela!

Agora, vou falar sobre as tais emoções. Eu sei que você está esperando essa conversa.

Quero falar primeiro sobre o Medo. Pensa num trocinho que parece uma Slime: muda de forma, cresce e gruda na gente.

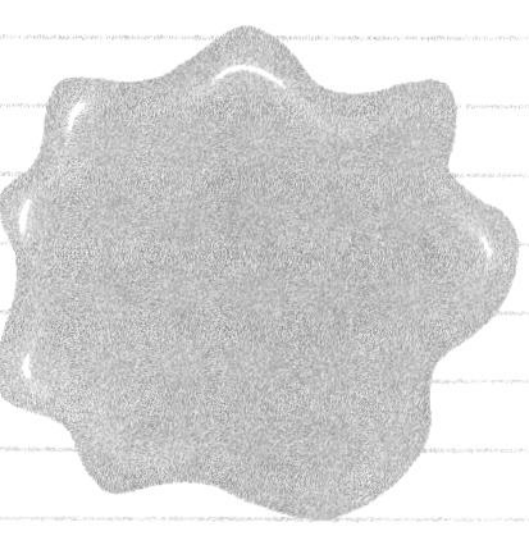

E ele vai se transformando: às vezes é medo de escuro, em outras é medo de ficar sem a mamãe e o papai, e até tem vezes que é medo de monstro mesmo. Ele aparece, faz eu me sentir congelada com sua gosma em forma de slime e eu não sei o que fazer. Eu fico ali, parada, com o coração batendo igual à uma bateria.

De vez em quando, eu estou com tanto medo que chamo a Raiva pra me ajudar. Eu grito, fico brava e isso esquenta todo meu corpo.

Com a Raiva é diferente. Eu tenho que me mexer muito para que ela saia de mim. É como se ela fosse uma nuvem escarlate, que chove na minha cabeça e eu fico todinha vermelha.

A Tristeza já é outra coisa. Eu prefiro ficar parada, tenho vontade de chorar e às vezes sinto que gostaria de voltar para a barriga da mamãe.

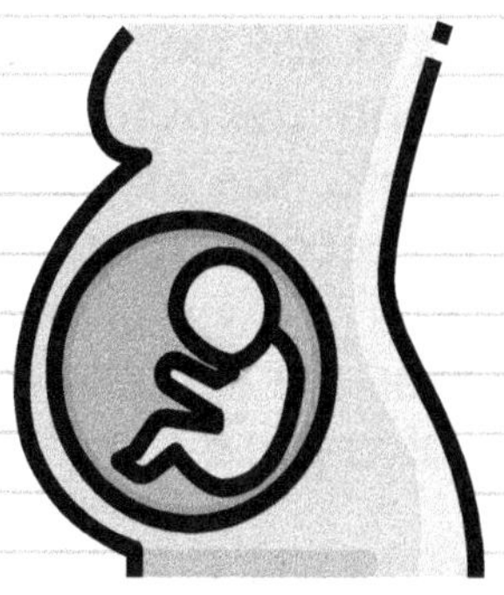

A tristeza é bem pequenininha, mas parece que ela toma fermento e vira uma bolhona de sabão gigante, que cresce e coloca a gente dentro dela.

Já o tal do Tédio é como uma massinha de modelar. Aparece quando a gente não está fazendo nada ou quando a coisa toda anda muito chata.

Mas ele sempre vem com um pouco de raiva para mim.

Eu já até mordi na escola por causa de tédio.

Ah! Eu não queria mais ficar naquele lugar e mordi. Foi ótimo! A professora me levou pra dar uma volta e daí eu achei que poderia fazer isso outras vezes. Mas depois, aprendi que não.

Às vezes em casa também tenho tédio.

Aí eu fico meio amiga da Raiva de novo.

Mas é só a mamãe me levar para correr na praça que ela vai embora. Ufa!

Agora, o mais chato de todos é o Cansaço. Parece uma âncora, gente!

A gente está lá, animada, e o Cansaço faz a gente ficar brava, sem vontade de nada. E se a mamãe pergunta se eu estou cansada é pior. Eu nunca sei quando eu começo a chamar a Não, mas eu a chamo mesmo assim.

O melhor jeito para lidar com o cansaço é quando eu fico vendo a mamãe apagar as luzes e deixar tudo mais devagar.

Aí eu vou me acostumando a ficar mais lenta e... puff! Já estou calma de novo.

Agora, que eu acho que já falei demais para alguém do meu tamanho, quero me despedir e... espera! A mamãe está me chamando!

- Nina, onde você estava, minha filha?

- E com quem você estava falando?

- Ah, mãe! Você não vai acreditar se eu contar.

- Vamos dormir?
- Vamos!

www.ingramcontent.com/pod-product-compliance
Lightning Source LLC
LaVergne TN
LVHW052116160826
845678LV00015B/3582